JN439014

대구의 서원 이야기

빌딩숲 사잇길 따라

님께

드립니다

대구의 서원이야기

빌딩숲 사잇길 따라

1판 1쇄 인쇄 2012년 3월 3일
1판 1쇄 발행 2012년 3월 3일

지은이_ 이현경
펴낸이_ 김춘희

디자인_ 안수연 · 손정아

출판등록 2001년 7월 26일 | 제 2011-8호

밝은사람들
주소_ 대구광역시 남구 대명6동 1056-2
전화_ 053-652-5700 **팩스**_ 053-656-8484
주문전화_ 053-653-5858
이메일_ hipr@hanmail.net
홈페이지_ www.hongbosil.com

ISBN 978-89-967867-3-3

이 도서의 국립중앙도서관 출판시도서목록(CIP)은
e-CIP홈페이지(http://www.nl.go.kr/cip)에서 이용하실 수 있습니다.
(CIP제어번호 : 2012000917)

책값은 뒤표지에 있습니다.
잘못 만든 책은 구입하신 곳에서 바꿔 드립니다.

대구의 서원 이야기
大邱 書院

빌딩숲 사잇길 따라

이 현 경 글·사진

빌딩숲 사잇길 따라가서 만나는 서원에는
옛 어르신들의 지극한 효성과 깊은 학문,
사랑과 배려, 정직과 근면, 용맹과 정의가 기다리고 있습니다.
이를 찾아가 배워 익히는 청소년들이 늘어난다면
우리는 참 든든할 것입니다.

밝은 사람들

보다 쉽고 재미있게
다가갈 수 있으면 좋겠습니다

서원(書院).
산 좋고 물 좋은 곳에만 있는 줄 알았습니다.
그런데 도심 빌딩숲에 가려있는 **서원**도 많았습니다.

가는 곳 마다 **서원**에는
옛 어르신들의 지극한 효성과 높은 학문,
헌신적 사랑과 깊은 배려, 불같은 용맹,
그리고 올곧은 정의가 기다리고 있었습니다.

그러니 이곳 **서원**이
그저 비바람 버텨온 옛집으로 머물지 않도록
우리 청소년들이 보다 편하게 관심 가지면서
보다 쉽고 재미있게
그 귀한 가르침에 다가갈 수 있으면 좋겠습니다.

그리하여
핵가족 맞벌이 부모의 일방적 온실교육에다
입시위주의 건조한 주입식 교육환경에 갇힌
우리 청소년들의 미래가 보다 밝아지면 좋겠습니다.

이러한 작은 생각을 키워가면서
사진이 담긴 이야기책으로 엮는데
대구경북연구원이 용기와 힘이 됐습니다.

아무것도 모른 채 나선 그 낯선 길에서 만난 많은 분들과
궁금하고 답답할 때 마다 도움이 된 여러 책과 인터넷 자료들,
그리고 길잡이를 맡아준 내비게이션
모두 모두 고맙습니다.

2012년 봄날
이 현 경

차 례

대구의 서원 이야기

빌딩숲 사잇길 따라

구암서원 북구 산격1동 산79-1

구암서원 龜岩書院

수성교에서 신천대로를 따라
북쪽으로 한참 달리다
칠성시장쯤 가면,
멀리 하얀 건물
경상북도 청사가 보입니다.

그곳 도청 뒷산 연암공원 비탈에
단정한 기와집들이 모여 있습니다.

이곳 구암서원에는
달성 서씨(達城 徐氏) 문중의
서침(徐沈)과
서거정, 서해, 서성을 모시고 있습니다.

내비게이션을 따라
차타고 올라가는 길이
무척 급하고 험합니다.

올라가면서 생각했습니다.
눈이 오면
차타고 찾아오지 못하겠다고.

차에서 내리니
날아갈 듯 한 골기와 집들이
기다린듯 맞이합니다.

이 집 마당에 들어서서
한숨 돌리면서 뒤돌아보니
대구도심이
아늑하게 한눈에 들어옵니다.

가운데 신천이
반짝이며 굽어 흐르고,
도시는 높고 낮은 건물들로
가득 들어차 있습니다.
250만 대구시민들이 모두들
저마다의 방식으로
서로 부대끼며
살아가고 있는 곳입니다.

나 또한 이곳을 내려가면
저속에서 그저
그렇게 묻혀 살아갑니다.
지금까지 그러했듯이.

이런저런 생각으로
도심을 내려다보고 있으니
'나'는 오늘 '도시'라는 틀에서
혼자 빠져 나온듯합니다.

이렇듯 구암서원은
소란한 도심에 있지만
찾아오는 이 드물어 한적한 곳입니다.

600년을 이어온
'비움'과 '나눔'의 가르침이
이곳에서 침묵으로
도시인을 기다리고 있습니다.

조선조 세종 때입니다.
당시 달성(현 대구 달성공원)에는
달성 서씨(達城 徐氏)들이
모여 살았습니다.

그 '달성'의 모양은
사람 머리를 많이 닮았습니다.
둘레는
높은 성벽처럼 이루고 있었습니다.

때문에 나라에선
"이곳에다 성곽을 세우겠다."
면서 그 땅 내놓기를 보챘습니다.
땅을 내어 놓으면
영선못(현 대구교대 건너편)과
서문시장 부근의
농지에서 거둬들이는 세금을
모두 모아주는 것은 물론,
넓은 땅도 덧붙여 주겠다고 했습니다.
게다가 임금은
벼슬자리까지 권했습니다.

그러자 서침은
"이 나라의 모든 땅이
나라의 땅인데
어찌 제가
그 대가를 받을 수 있겠습니까?"

뜻밖의 대답에 놀란 임금이
서침에게 되 물었습니다.
"그럼, 바라는 바 있다면 무엇인가?"
"한 집안의 사사로운 은혜보다
백성이 고르게 은혜를 입도록
대구지방 백성들의 환곡 이자를
1말 5되에서 1말로,
5되를 줄여주실 것을
삼가 바라옵니다."
라며 공손하게 엎드렸습니다.

당시 백성들은 가난했습니다.
게다가 가뭄으로
먹을 것이 귀했습니다.
때문에
높은 환곡 이자까지 더하여 내자니
먹고 사는 게
정말 말이 아니었습니다.

임금은
서침의 그 속 깊고 따뜻한 마음이
참 놀랍고 고마웠습니다.

그래서 그의 뜻을
흔쾌히 받아들였습니다.
그 혜택은 곧바로
지역민들에게 돌아갔습니다.
뜻밖의 은덕을 입은 지역민들은
서침이 세상을 떠난 지 200여 년 뒤,
고마운 그를 잊지 않기 위해
구암서원을 지었습니다.

이 혜택은 그 뒤 이조 말까지
500년이나 이어졌습니다.

봉산서원 수성구 상동 385-1

봉산서원 鳳山書院

손린(孫遴)을 모신 봉산서원은
낮은 주택가 한가운데 있습니다.

콘크리트 양옥이 빼곡한 동네 속에
전통 목조 골기와집이 들어앉아 있으나
옛과 오늘이 자연스레 조화가 됩니다.

바깥 지행문(祗行門)을 열고 들어서니
녹색 카펫 같은 잔디가
마당가득 깔려 있습니다.
누가 매일 손질하지 않고서야
이렇게 고울 수가 없습니다.

지극한 효성과 남다른 절개,
게다가 학문이 깊은 손린은
정묘호란 때
의병장으로 많은 공적을 쌓았습니다.

손린은
여덟 살 때 어머니가 돌아가시자,
그 가슴을 치며 통곡을 하는 것이
마치 어른 같았으며,
그 슬픔으로 몸을 크게 상했습니다.

이를 걱정한 주위에서 육즙을 권하자
마침내 참았던 눈물을 쏟아내면서
"내 어머니께서
음식 드시지 않은 지 오래됐는데,
내 입에 음식 들이는 것은
차마 할 짓이 못되거늘
하물며 몸에 좋은 고기를
어찌 내가 먹을 수 있단 말인가?"
라고 통곡하자
주위에 있던 사람들도
흐르는 눈물을 참지 못했다 합니다.

이에 주위에서는
"대대로 효성이 있는 집안에서
또한 효자를 낳았도다.
'시경' 에 이르길 '효자가 끊이지 않으니
길이길이 복을 누리리라' 라고 한 것은
바로 손씨 집안을 말한 것이도다."
라고 칭송했습니다.

또한 손린은
학문에 대한 열의도 대단했습니다.
왜적이 침입하여
고산동으로 피란해 있으면서도
학문에 게을리하지 않았습니다.

하루는 험하고 거친 왜적무리가
선생이 있는 곳에 왔지만
그의 기색은 조금도 변함이 없었고,
아무 일 없는 듯 책을 읽음에
마치 적병과 함께 있는 것이
매우 익숙한 것처럼 보였습니다.

그러자 적병은 끝내 그를 해치지 못하고
잠시 예를 갖추더니
그냥 돌아가 버렸다고 합니다.

임진왜란이 끝나자 손린은
서사원(徐思遠), 정구(鄭逑) 등
여러 학자들과 학문을 닦아
문장으로도 이름을 떨쳤습니다.

손린이 제자를 가르치던 '선사서재'를
요즘 도지사 격인 당시 방백이
이를 허물려 하자

그가 나서 글을 지어
이를 막았다고 합니다.

'누가 말하겠는가?
이 서재가 왜적의 화도 면했는데
하물며 오늘날 군영을 설치하는 데에는
벗어나지 못하였다고'

방백이 이 글을 읽고 난 뒤
고개를 숙이고선
"진실로 곧은 선비의 저항이니
이 서재는 허물 수 없도다."
라며 물러섰다고 합니다.

1628년(인조 6) 손린이 세상을 떠나자
주위에서는
"용맹스러운 말과 강직함은
누구와 더불었는지
바른 말로 성난 세상과 다투었도다."
하며 모두들 슬퍼했습니다.

이렇듯 지극한 효성과 깊은 학문에다
용맹과 정의로움을 두루 갖춘,
이런 지도자들이 우리 사회에 늘어나면
우리는 참 든든할 것입니다.

낙동서원 달서구 상인동 880

낙동서원 洛東書院

대규모 아파트촌이 들어서지 않은
1980년대 초 만해도 이곳 상인동은
대덕산 자락에서 내려오는
기름진 논과 밭이
맑은 물 출렁이는
넓은 저수지와 잘 어울리는
햇살 바른,
그림 같은 마을이었습니다.

단양 우씨(丹陽 禹氏)들이
600년 내리 모여 살던 이 마을에
이 낙동서원을 세워
고려 말 석학인 우탁(禹倬)과
제자 신현(申賢)
그리고 우탁의 맏아들 길생(吉生)
맏손자 현보(玄寶)와
의병장 배선(拜善)을 모시고 있습니다.

우탁은 우리나라 최초의 역학자이자
서릿발 같은 기개로
왕의 패륜을 지적했던
당대의 명신으로
전해 내려오고 있습니다.

충선왕이
부왕(충렬왕)의 숙창비와
부적절한 사이를 맺는 등
나랏일을 멀리한 채
삿된 놀음에 온통 빠지자
당시 감찰규정(監察糾正)이던 우탁은
어느 날
도끼 한 자루와 거적때기를 든 채
흰옷 차림의 비장한 걸음으로
임금 앞에 나아갔습니다.

그리고 거적때기 위에 엎드려
차가운 눈빛으로
"충렬왕릉의 흙이 채 마르기도 전에
부왕이 총애했던 숙창비를 희롱함은
인륜을 저버린 짓입니다…"
라며 또렷또렷 말했습니다.

좌우에 늘어선 신하들은
몸을 부들부들 떨었습니다.
왕이 어떤 보복을 내릴지
아무도 모를 일이었습니다.

한동안 말이 없던 왕은
자신의 잘못을 시인하고
우탁에게
"거적때기 위에서 일어서라."
고 권했습니다.

하지만 우탁은
"왕을 욕보인 신하는
죽음으로 벌을 받아야 합니다.
신을 도끼로 찍어주시옵소서."
라며 머리를 조아린 채
일어서지 않았습니다.

그 뒤 우탁은 벼슬을 버리고
경북 안동에서
주역 연구에 남은 생을 바쳤습니다.

우탁의 호 역동(易東)은
'동방에 역학을 처음 들여온 인물'
이라는 뜻입니다.

그가 세상을 떠난 200년 뒤
성리학의 대가 이퇴계(李退溪)는
그를
'동방 성리학의 조(祖)'
라며 극찬했습니다.

이곳 낙동서원 앞에는
“우리 집안은
조상 대대로 나라의 은혜를 입어왔다.
지금 비록 관직은 없어도
나라가 이토록 위급하니
어찌 적을 무찌르지 않겠는가.”
라며 스무 넷의 어린나이에 의병을 일으킨
월곡 우배선 장군의 용맹과
의로움을 기리기 위한
‘월곡역사박물관’이
울창한 왕대 숲길과
훤칠하게 잘 생긴
소나무들 사이에 들어서서
그날을 이야기하고 있습니다.

낙빈서원 달성군 하빈면 묘리 795

낙빈서원 落濱書院

낙빈서원을 찾아가면
길이 좁아지면서
삼가헌(三可軒)부터 만납니다.

삼가헌은
1769년(영조 45)
박팽년(朴彭年)의 11대손으로
이조참판을 지낸 박성수(朴聖洙)가
살림집을 지어 자신의 호를 따서
삼가헌이라 이름 붙였습니다.

삼가(三可)란
'천하 국가를 바르게 할 수 있고,
벼슬과 녹봉을 사양할 수 있으며,
날카로운 칼날을 밟을 수 있다'
는 뜻이라 합니다.

삼가헌 하엽정(荷葉亭) 앞
마당처럼 꾸민 연당에 연꽃이 만발하면
이곳 산 아래 마을은
온통 연꽃 향에 취한다고 합니다.
TV드라마 '토지'를 이곳에서 찍으면서
더욱 유명해진 곳입니다.
이곳 삼가헌을 나와
오른쪽 산으로 난 길을 잠시 오르면
낙빈서원이 단정하게 앉아있습니다.

낙빈서원은
박팽년(朴彭年)·성삼문(成三問)·이개(李塏)
유성원(柳誠源)·하위지(河緯地)·유응부
(俞應孚) 등
단종조 사육신의 절의를 추모하는
사당(하빈사)이었습니다.

처음에는 문중에서
박팽년의 제사만 모셨는데
5대손이 제사를 앞둔 어느 날
사육신이 모두
문밖에 서성이는 꿈을 꾼 뒤
낙빈서원을 짓고
사육신을 함께 모셔
제사를 올렸다고 합니다.

1694년(숙종 20)에 사액서원으로 승격돼
지방교육을 맡았습니다.
그 뒤 대원군 때 헐렸다가
1982년에 지방 유림들이 뜻을 모아
다시 지었습니다.

박팽년은 성삼문 등과
단종 복위를 모의하다가 잡혔습니다.
그의 재주를 아끼던 세조가 사람을 보내
"모의사실을 부인하기만 하면 살려줄 것"
이라고 달랬으나 끝내 거절했습니다.

마지못한 세조가
의금부에서 직접 심문을 했는데
자신을 '상감'이라 부르지 않고
'나으리'라고 대답을 하니
화가 난 세조가 박팽년에게
"나를 왜 상감이라 하지 않느냐?"
고 묻자
"나는 상왕 단종의 신하이지
나으리의 신하가 아닙니다."
라고 또렷이 답했습니다.
노한 세조는
"내가 주는 녹봉은 받지 않았느냐?"
고 하자
"한 톨의 곡식도 받지 않았습니다."
라고 하여 확인해 보니
충청감영 창고에
고스란히 쌓여있었다고 합니다.

그는 끝내 옥중에서 숨졌고
그의 부친은 물론
4형제와 아들 3형제 모두가
처형됐습니다.
이때 박팽년과 함께 화를 입은
성삼문 · 이개 · 유성원 · 하위지 · 유응부를
사육신(死六臣)이라 합니다.

남은 가족은 대역죄인의 가족이라 하여
공신들의 노비가 되거나 관비가 됐고,
그의 둘째 아들 박순의 아내
성주 이씨(星州 李氏)도

관비가 되어 친정으로 내려왔습니다.
그 부인은 임신 중이었는데
아들을 낳으면 죽음을 당하고
딸이면 관비로 삼게 되어 있었습니다.

해산을 하니 아들이었고
때마침 딸을 낳은 여종이 있어서
아기를 바꾸어 키워
아들은 목숨을 건졌다고 합니다.

외할아버지의 손에
박비(朴婢)라는 이름으로 숨겨 키워진
이 아이가 열일곱살 됐을 때
그의 이모부 이극균(李克均)이
경상도 관찰사로 부임해
처가에 들렀다가
성장한 그를 보고 자수를 권했답니다.

이무렵 조정에서는 사육신들에 대해

'옳은 일을 했다'는 여론이 일 때라서
임금을 찾아가
박팽년의 자손임을 털어놓았습니다.
성종은 놀라고 기뻐하면서
특사령을 내리고
이름도 일산(一珊)으로 고쳐주었습니다.

그 뒤 일산은
후손이 없는 외가의 재산을 물려받아
이곳 묘골에 정착했으며
묘골 순천 박씨(順天 朴氏)의
입향시조(入鄕始祖)가 됐습니다.

낙빈서원에 오면
꼭 들러야 할 곳이 있습니다.
서원에서 내려와 국도를 따라
남쪽으로 잠시 내려오면
'육신사'를 알리는 팻말이 서 있습니다.

이곳에서 배롱나무 꽃길 따라 한참을 가면
사육신을 모신
육신사가 자리하고 있습니다.

화산서원 달성군 구지면 화산리 898

화산서원 花山書院

목숨을 버리더라도
지켜야 할 '가치'가 있다고 믿고
이를 기꺼이 실천한 어른들이 있습니다.
400년 전 어른들입니다.

임진왜란에 이어
1597년에
왜군이 다시 쳐들어왔습니다.
정유재란(丁酉再亂)입니다.

남해안으로 올라와서
진주성과 남원성을 거쳐
호남으로 들어가려 한 왜군은
고려 때 경남 함양 황석산에 쌓은
황석산성(黃石山城)을 넘어야 했습니다.

당시 관군을 지휘하던
체찰사(體察使) 이원익은
함양군수 조종도(趙宗道)와
안음현감이던 곽준(郭䞭)에게
황석산성의 허술한 곳을 보수한 뒤
굳게 지키게 했습니다.

이에 황석산성에는
곽준에 이어
조종도가 가족과 함께 왔고
김해부사 백사림(白士霖)도
뒤를 이어 들어왔습니다.

花山書院

이들은
"황석산성을
우리들의 목숨을 걸고 지키자!"
라며 뜨겁게 뜻을 모았습니다.

왜군들은 이 산성을 뺏기 위해
밀물처럼 쳐들어 왔습니다.
겁에 질린 백사림이 곽준에게
"더 버틸 수 없으니
이제 그만 떠나야 합니다."
라면서 도망을 가자고 권하자
"이 산성에 들어올 때
나는 이미 죽을 각오를 했소."
라며 백사림을 꾸짖었습니다.

그러나 얼마 뒤 백사림은
두려움에 떨고 있는 가족을 이끌고
밤중에 성 밖으로 도망쳐 버렸습니다.

그러니 그가 지키고 있어야 할
동북문이 열리면서
갑자기 싸움이 기울기 시작했습니다.
산성 안팎은
온통 주검으로 즐비했습니다.

남문을 지키던 곽준은 조종도와 함께
"여기가 우리의 무덤이다."
라면서 다시 한 번 결의를 다졌습니다.

그리고 나중에 적이 사용하지 못하도록
군기고(軍器庫)를 불 질러 태운 뒤
긴 칼을 뽑아들고 적을 향했습니다.

곽준은 아무리 날래고 용맹했으나
이미 늦었습니다.
그는 끝내 쓰러졌습니다.

그러자 이상(履常)과 이후(履厚)라는
곽준의 두 아들이
"아버지께서 나라 위해 돌아가셨는데
우리가 어찌 살 것인가"
라며 적의 무리 앞에 나섰다가
모두다 무참히 당하고 말았습니다.

게다가 곽준의 사위 류문호(柳文虎)도
변을 당했습니다.
그러자 딸은 울면서
"아버지께서 돌아가셔도
따라죽지 못함은
지아비를 섬겨야하기 때문인데
이제 남편마저 떠났으니
어찌 살 것인가"
라면서 스스로 나무에 목을 매었습니다.

맏며느리 거창 신씨(居昌 愼氏)도
목을 매 남편의 뒤를 따랐습니다.

현풍 곽씨(玄風 郭氏)의 문중에는

'충과 효를
대대로 물려오는 업으로 삼고,
청렴과 결백을
집안의 명성으로 삼으며,
이를 대대로 바꾸지 말라
(忠孝世業 淸白家聲 萬代不易)'

라는 가훈(家訓)이
전해 내려오고 있습니다.

이곳 화산서원은
그 정신을 모시고 있습니다.

오천서원 수성구 파동 433

오천서원 梧川書院

오천서원은
대구의 서원 가운데
가장 깊은 산에 들어앉아 있습니다.
마른 수도승이 초롱초롱한 눈빛으로
홀로 좌선에 빠져 있을 것 같은
호젓한 산골 암자 같은 곳입니다.

내비게이션으로는
'수성구 파동 433'이 아닌 '파동파출소'를 찾아가서
남쪽으로 200m쯤 가다보면
왼쪽, 산으로 오르는 길이 있습니다.

그러니 대구의 다른 서원은
차를 타고 그 앞까지 갈 수 있으나
오천서원은 등산하듯
산길을 한참 걸어 올라야 합니다.

오천서원은
학문과 무예에 두루 뛰어났으며
특히 어머니에 대한 효성이 남달랐던
양희지(楊熙止)를 모시고 있습니다.

양희지는 울산 사람입니다.
어려서부터
글을 잘하여 이름이 났습니다.

마을을 지나던 어떤 이가
일곱 살 난 아이
양희지가 지은 시를 보고

"나중에 큰 인물이 될 것"
이라며 쌀과 포목,
그리고 붓과 벼루를 주면서 칭찬하자
아이는 고개를 숙이면서
"붓과 벼루만 고맙게 받겠습니다."
라면서 쌀과 포목은 돌려드렸습니다.
정말 이 아이는 커서 과거에 합격하여
높은 벼슬을 두루하게 됩니다.

양희지가 홍문관 부수찬으로 있을 때
고향에 홀로 계시는
칠순 어머니가 병석에 눕자

'자식이 있어도 없는 것만 못하여
불효한 죄가 이렇듯 크고
게다가 관직으로
어머니 가까이 갈 수도 없으니…'

라며 임금에게 간곡하게
사직진정소(辭職陳情疏)를 올렸습니다.

이를 받아본 왕이 승정원에 묻기를
"양희지는
문무(文武)에 뛰어난 사람이니
내가 말리고자 하는데 어떠한가?"
하자, 앞에 있던 신하들이
"양희지의 재주는 문무를 겸하였으며
나라를 위해 매우 귀한 인물입니다.

梧川書院

봉양할 수 있는 형이 있고
또 형의 아들도 있으니
사직을 말리는 게 좋겠습니다."
라며 모두들 말리는 바람에
결국 승낙 받지 못했습니다.

그러나 그의 딱한 사정을 아는
대사헌 윤효손(尹孝孫)이
임금께 다시 건의하여 조정의 논의를 거쳐
사천현감으로 내려가서
몸져누운 노모를 모실 수 있도록 했습니다.

그의 절절했던 효성스런 마음을
임금도
끝까지 들어주지 않을 수 없었던 것입니다.

예로부터

'효(孝)는 백행(百行)의 근본'

이라 했으며

'충신(忠臣)은
효자(孝子)의 집안에서 구한다.'

고 했습니다.

청호서원 수성구 황금동 산 79-4

청호서원 靑湖書院

수성구 황금네거리에서
동쪽으로 아파트 숲을 지나
고가도로를 오르지 않고
월드컵 경기장 가는 오른쪽으로 돌아
왼쪽 우방신천지타운 앞에서 U턴하여
오른쪽 산 아래로 들어가면 청호서원.

남향의 양지 바른 곳에 앉은 서원 앞을
고층아파트 무리가
병풍처럼 가로막아 서 있습니다.
때문에 이 아파트에 사는 사람들은
창문만 열면
늘 이 서원을 내다볼 수 있습니다.

하지만 높은 곳에 산다고
이 낮은 골기와집을
함부로 '내려다' 볼 일은 아닙니다.

청호서원은
조선조 대학자였던
손처눌(孫處訥)을 추모하기 위해
지역 유림들이 뜻을 모아 세웠습니다.

달성군 가창면과
경북 청도군 이서면을 잇는 팔조령은
지금은 왕복터널이 시원스레 뚫려 있지만
임진왜란 때는
왜군을 막을 수 있는 길목요새였습니다.

青湖書院

그만큼 팔조령은
적은 수의 군사로 대군을 맞아 싸우기에
매우 유리한 고개였습니다.

손처눌은 1597년
"왜적들이 쳐들어오면
힘으로 싸우기는 어려우니,
싸워 이기지 못한다면
허약해 보일 뿐만 아니라
끝내 죽음에 이르게 될 것이다.
죽는 이가 늘어나면 우리가 어찌
군의 위용을 제대로 갖출 수 있을까…
마땅히 여러 숨을만한 곳에
미리 가서 자리를 잡아,
산의 형세를 살피고 적의 수를 헤아려
혹은 끝에서 혹은 중간에서
불시에 적을 공격한다면
우리는 화살을 많이 잃지 않을 것이며,
저절로 적의 머리가 바닥에 떨어지는
큰 성과를 거둘 수 있을 것이다.
그러니 군대를 숨길만한 곳이
어찌 이곳 팔조령보다 나은 곳이 있겠는가?"
라며 요새로 짚었습니다.

손처눌은
정구(鄭逑)를 스승으로 모시고
학문에 깊이 빠져 있다가
임진왜란이 일어나자
'싸워 이기지 못한다면
모두들 죽음에 이르게 될 것입니다…'
라며 앞장서 의병장으로 나섰습니다.

'나라가 어지러우면
목숨도 내어 놓아야 한다'

라는 유학의 가르침을
배운대로 실천에 옮긴 것입니다.

그는 의병장으로서 큰 공을 세웠지만
부모님을 여의는 슬픔에다
여섯 자식마저
가슴에 묻어야만 했습니다.

'애석하도다! 십년이나 묵혀서
한 마리 소로도 일구기 어려우니.
내 마음은 이보다 더 심하여
맑고 밝은 터전을 거의 잃었던가'

전쟁을 겪으며 가족을 잃은 슬픔에다
그의 깊은 학문적 수양은
잡초우거진 밭처럼 망가져버린 것입니다.

하지만 그는 대구향교 최고책임자인
도유사(都有司)를 맡는 등
대구 유림의 중심에서 학문에 정진하며
허물어진 마음의 밭을 일구었습니다.

예나 지금이나 전쟁은
피하고 삼가야 할
견딜 수 없는 고통입니다.

덕산서원 수성구 황금동 258

덕산서원 德山書院

청호서원(靑湖書院) 아래
100m도 안 되는 곳에 있습니다.
마당도 없는 주택가 짧은 골목 안에
단청 고운 외삼문(外三門)이
열려 있습니다.

덕산서원.
이조 단종 때 절개를 지켰던
충신 서섭(徐涉)을 모시고 있습니다.

서섭은 세종 때 문과에 급제하여
이조판서(吏曹判書)까지 올랐습니다.

문종이 일찍 세상을 떠나면서
나라가 온통 어수선해진 가운데
단종이 어린 나이로 왕위에 오르자
그는 간신을 배척하는
'척간소(斥姦疏)'를 올렸습니다.

德山書院

'…바르지 못한 무리들이
전하의 눈과 귀를 막고 있고,
이러한 정황들로 보건대
군사를 양성하여
뜻밖의 변을 막아야 합니다.
원하옵건대, 전하의 밝은 지혜로
마음을 크게 먹기를 바라옵니다.
어진 재상과 용맹한 장수를 뽑아서
보다 바른 정사를 회복해야 합니다…'

그는 이미, 계유정란(癸酉靖難)을
미리 내다보고 있었습니다.
하지만
이 충성스런 마음으로 올린 상소 때문에
수양대군 주위 인물들의
터무니없는 모함으로 유배를 갑니다.

그 뒤 서섭의 후손들도
그의 행적을 제대로 모르고 살다가

1924년 어느 후손이 집수리를 할 때
단종을 향한 서섭의
충정을 적은 글들이 담긴 상자가
천장에서 떨어져 열리는 바람에
늦게나마
그의 충절(忠節)이 알려졌습니다.

상자는 그가 살던 낡은 집의
천장 속에 숨겨져 있었습니다.

이 상자에는

'이 상자를 대대로 열어보지 말라.
열어보면
좋지 않은 일이 일어날 것이다.'

라고 적혀있었습니다.

상자 속에는
'단종을 위한 충성스런 마음'이
글로 가득하니
이게 만약 세상에 알려지게 되면
후손들 집안에
화를 면치 못할 것을 걱정한 것입니다.

상자 속에서 나온 시(詩)
'문녕월사변통곡(聞寧越事變痛哭)'에는
단종이 영월에서
끝내 참변을 당했다는 소식에

'…부끄럽구나. 이 못난 신하
세상에 살아남으니
훗날 지하에서
무슨 낯으로 선왕을 뵈오리.'

라는 비통한 마음이 적혀있습니다.

이양서원 달성군 현풍면 대리 907-3

이양서원 尼陽書院

고속도로 현풍 나들목에서 내려
도동서원 쪽으로 가다가
'현풍곽씨십이정려각'을 지나면
솔례(率禮)마을.

차 한 대가 겨우 들어가는
좁은 콘크리트 포장길을 따라가면
조선 청백리 곽안방(郭安邦)을 모신
이양서원이
청솔 밭에 둘러싸여
삼매(三昧)에 든 듯 깊게 앉아있습니다.

최근 성균관 유도회에서는

'역사에 부정과 비리가
판을 치는 바람에
혼탁한 세상에 살고 있는 현실에
안타까움을 금할 수 없어
옛 선현들 가운데
자신과 가족들 보다
백성을 위하고 나라를 위해
살다간 분들의
청백리 행적을 발굴하여
세상에 널리 알리는 것이
시대적 소명'

이라며 청백리 배출 문중과
일부 사학자들의 뜻을 모아
'청백리열전'을 펴내겠다고 밝혔습니다.

이 자료를 살펴보면
세조 때 현풍군수를 지낸
곽안방(郭安邦)이
청백리 일곱 사람 가운데
한 사람으로 뽑혀있습니다.

청백리는
'맑고 깨끗한 벼슬아치'란 뜻입니다.

'곽안방은
마음 쓰는 것과
행신(行身)하는 것이 뛰어났고
한 가지에 얽매이지 않았으며,
교유하는 벗이
그 당시의 명류들이어서
어진 사대부가
그 문에 많이 모여들었으며,
벼슬을 하며 청백하기가
빙옥(氷玉)같이 깨끗하여
벼슬을 그만두고
빈 말 타고 돌아올 때는
날아갈 듯이 가벼웠다.'

여지승람(輿地勝覽)
명환록(名宦錄)에 적혀있는 내용입니다.

이렇듯 곽안방은
평생을 얼음(氷)과 옥(玉)처럼
맑게 살았으며,

23

임기를 마치고 돌아올 때는
한필의 말로 소문 없이 돌아오니
사람들이
태수의 행차인 줄 몰랐다고 합니다.

그가 익산에서
임기를 마치고 돌아올 때,
노비가
열쇠 하나를 차고 오는 것을 보고

"이것 또한 나라의 물건이니
어찌 작고 큰 것을 논하겠는가.
나를 더럽힐 수 없다."
라면서 곧 바로 돌려보냈습니다.

이를 두고 주위에서는
'현어(懸魚)를 실천한 것과 같다'
고 했습니다.

'현어' 는
'관공서에서 선물 받은 고기를
창고에 달아 놓고
떠날 때 가져가지 않음'
을 뜻하는 것으로
관리의 청렴을 비유합니다.

곽안방을 중시조로 모시는
대구의 어느 단체장은
혈통이 무섭다는 걸 증명이라도 하듯
200년 전
조선시대 대표급 청백리의 후예답게
선우세대로 태어나
30년 넘는 공직을 거치면서
참 청렴하고 올곧으며,
지혜롭고 따뜻한 사람으로
소문 나 있습니다.

혈통을 따지자면
7천만 겨레가 모두 한 핏줄이니
앞으로 이런 분들이
우리 공직사회에
자꾸만 늘어날 것입니다.

예나 지금이나
백성이 늘 웃는 얼굴로 행복해지려면
공직사회의 바른 정신자세와
그 실천에 달려있기 때문입니다.

이런 생각들을 하면서
경내를 이리저리 살피다가
신발 벗고
경렴당(景廉堂) 대청마루에 올랐습니다.

까치발로 뒤꿈치 들면
이층대문 읍청루 뒤로 멀리
'맑고 푸른' 낙동강 흐름이 보이련만
늦여름 숲이 짙어 눈앞을 가려서인지
내 마음의 눈이 어두워서인지
그 '맑고 푸른'은 보이질 않습니다.

다산(茶山)은 '목민심서'에서

'청렴하게 실천한다는 것은
공직 본연의 의무로서
온갖 선정의 원천이 되고
덕행의 근본이 된다.
청렴하지 않고
목민관 노릇을 제대로 한 사람은
아직 없다.'

고 가르쳤습니다.

병암서원 달서구 용산동 521

飛鳥亭

병암서원 屛巖書院

와룡산 남쪽 자락 병암서원.
넓은 지하 주차장까지 마련해가며
지난 2003년에 다시 지은 서원입니다.

대구시 우수건축물로 뽑히기도 했고,
콘크리트 현대식 회관도 들어서 있습니다.
티끌 하나 함부로 버려진 것 없이
정갈하게 단장된 경내에 들어서면
'참 잘 지었구나' 싶습니다.

배롱나무, 주목, 단풍, 이팝나무 등이
제자리를 아는 듯 찾아 단정하게 서있고
모란, 원추리, 창포, 패랭이 등이
철마다 차례로 꽃을 피우고 있습니다.

화강석 담장에는
해, 달, 구름 등의 문양이 뚫려있고
십이지신상(十二支神像)이
둘러 서 있습니다.

특히 황토를 가마에 구워 만든
전돌 담장에는
경복궁 자경전 꽃담의 일부처럼
불로장생(不老長生)을 상징하는
십장생(十長生)이
화려한 컬러판으로 새겨져 있습니다.

이곳 병암서원에는
도응유(都應俞)와
동생 경유(慶俞)를 모시고 있습니다.

서사원(徐思遠) · 정구(鄭逑)의 문하에서
문장과 덕행이 남달랐던
조선 중기의 학자이자 의병장인 도응유.

그는 광해군 때
정인홍(鄭仁弘)이
이언적(李彦迪) · 이황(李滉)을 배척하자
그 잘못을 조목조목 따졌습니다.

박이립(朴而立) 등이 스승 정구를 모함하자
상소를 올려
스승의 억울함을 해명하기도 했습니다.

인조 때 이괄의 난이 일어나자
의병장으로 앞장섰으며,
주리파(主理派) 성리학을 강조하여
경험적 세계의 현실문제 · 사회문제보다
도덕적 원리에 대한
인식과 그 실천을 주장하기도 했습니다.

이렇듯 참 올곧은 선비이자
용감했던 장수였고
학문적 깊이가 빼어난 학자였습니다.

도응유가 성을 쌓고 장수를 뽑는
축성선장(築城選獎)을 정리한 내용에는

'… 전하께서는 장수를 뽑으실 때
용맹한 이 보다
식견과 사려가 깊은 이를 앞세우고,
직위가 높고 낮음을 묻기보다
오로지
그의 재능을 밝혀 보셔야만 합니다.
이는 높은 벼슬아치보다
초야의 백성들 가운데서
널리 구할 일입니다.
그리하여 진실로 너그러우면서도
기개가 굳세고,
생각이 멀리 미치면서도
정성스런 사람을 얻어서
그를 장수로 삼아야
위아래가 서로 친하여
살고 죽을 일에 서로를 구하며 지켜
그 군대가 가히 쓸 만할 것입니다.'

라며 전쟁에 임하는
장수의 자질에 대한 주장을
선명하게 밝혔습니다.

도응유의
이력과 행적을 기록한 행장(行狀)에는

'어버이 섬김에 효(孝)를 다했고
스승을 받듦에 예(禮)가 극진했으며
나라를 걱정하는 충(忠)이
매우 헌신적이었으니
그의 삶을
군사부일체(軍師父一體)의
의(義)로 칭송합니다.'

라고 적혀 있습니다.

선조들의 과거 시험 답안지를 비롯해
임금으로부터 받은 교지 등
각종 역사 자료를 모아두고 있는
이곳 병암서원은
새로 짓고 난 뒤부터
지역 주민들을 위한
문화 공간 역할도 하고 있습니다.

이곳 회관 강당에서는
주민 대상으로
전통 예절교실과 다례교육 등을
무료로 열고 있다고 합니다.

고산서당 수성구 성동 산22

고산서원 孤山書院

금호강으로 흐르는
샛강 남천을 끼고 있는 들판 위로
멀리 팔공산이 선명합니다.

이곳 '고산서원'을 찾아가면
'고산서당(孤山書堂)'이
기다리고 있습니다.

조선 중기 문신이자 학자인
이황(李滉)과
정경세(鄭經世)를 기리는 서원입니다.

대문 앞 안내판에는
이 서원을 언제 지었는지 모른다고
적혀 있습니다.

다만 이황과 정경세가
젊은이들을 모아 가르쳤던 서당인데
1690년(숙종 16)에 서당 뒤편에
사당을 지어 서원이라 했다합니다.

그 뒤 고종 때
서원철폐령으로 헐렸는데
서원 옛터에 강당만을 다시 지어
고산서당이라 했다고 적혀 있습니다.

이황은 어려서부터
홀어머니의 엄한 가르침 속에
학문하는 태도가 남달랐으며
선비의 참모습을 실천했다고 합니다.

2,000편이 넘는
많은 시를 남긴 문장가에다
나이 서른넷에 문과 급제를 한 뒤
여러 차례 벼슬을 받았으나
'높은 자리' 보다는
'학문에 전념할 수 있는 자리' 를
바랐다고 합니다.

그러니 바르고 똑똑한 제자 키우기에
늘 힘쓸 수밖에 없었고,
이를 위해 손수 교과서를 만들고
옛 틀에 얽매이지 않는
새로운 교육과정 짜기에
고민했습니다.

제자들에게 단순한 지식 전달보다는
바른 인격 일깨우기에 정성을 다했고,
'미래사회 지도층이 될 인재들' 이라며
그 제자들에 대한 예의범절 또한
지나칠 정도로 공손했다 합니다.

시문(詩文)과 서예에 뛰어났던 정경세는

'아무리 잘 배워서
실력이 뛰어나다 하더라도
덕행이 따르지 않으면 안 된다.
덕이 없으면
사리사욕을 채우는 데
그 재주를 쓰기 때문에
우리사회에 보탬이 되지 않는다'

라며 늘 스스로를 일깨우며 살았습니다.

이렇듯 올곧은 조선 사대부 정경세는
책을 읽을 때

'몸가짐을 바르게 하고
마음가짐을 차분하게 한다.
글자를 보고 구절을 끊고,
뜻을 새겨가며 천천히 읽는다.
글자마다 분명하게 해석하면서 읽는다.
눈으로 다른 곳을 쳐다보거나
손으로 다른 물건을
만지작거려서는 안 된다.
충분히 읽고 뜻을 환하게 새겨야 한다.
날마다 배운 것을
그때마다 정리하고 복습하며
열흘마다 구일동안 배운 것을

통달하여 읽는다.
이리하여 오래토록 잊지 않아야한다'

라며 제자들을 항상 일깨웠습니다.

이곳 고산서원 뒤 담장 너머에는
'이황나무'와 '정경세나무'가
손잡고 있는 듯 가까이 붙어 서서
넓은 그늘을 이루고 있습니다.

인흥서원 달성군 화원읍 본리리 730

인흥서원 仁興書院

달성군 화원읍 내 화원중학교에서
남쪽 비슬산 골을 따라 들어가다 보면
왼쪽에 남평문씨본리세거지,
오른쪽 양지바른 곳에
인흥서원이 마주하고 있습니다.

아담하게 마련된 주차장에 차를 대고
낮은 돌계단을 조심조심 오르니
머리가 하얀 어르신이
종종걸음으로 달려 나와서
기다렸다는 듯이 반겨 맞습니다.

미처 인사드릴 겨를도 없이
다가와서 두 손 잡고는
숭봉문 옆 안내판 앞으로
급하게 이끕니다.

"이곳 인흥서원은…"
하면서
안내판에 없는 내용까지 보태가며
카랑카랑한 목소리로
꼼꼼하게 설명을 시작합니다.
영어와 한문풀이를 섞어 이어가는
그 설명이 참 재미있습니다.
24세(世) 종손 추연섭 선생입니다.

26

인흥서원에는
고려 말 문신
추적(秋適)을 모시고 있습니다.

추적이
공자 등 옛 성현의 가르침 가운데서
사람 도리의 기본이 되는
그 내용만을 골라서 엮은
'명심보감' 목판 서른 한 장이
잘 간수되어 있습니다.

조선시대의 대표적인 초학입문 교재인
명심보감은
우리 겨레와 윤리적 호흡을 더불어 해온
소중한 고전입니다.

간결한 문장으로 담긴
옛 어른들의 귀한 가르침은
1. 착한 일을 이어가라. 2. 천명
3. 천명을 따르라. 4. 효행
5. 몸을 바르게 가져라.
6. 분수에 편안히 하라.
7. 본심을 가져라. 8. 성품을 경계하라.
9. 배움을 부지런히 하라.
10. 자식을 가르쳐라.
11. 마음을 살펴라. 12. 가르침을 세워라.
13. 정사를 다스리라. 14. 집을 다스리라.
15. 의에 편안히 하라. 16. 예에 따르라.
17. 말씀 18. 벗을 사귀어라.
19. 부인의 행실
등 모두 열아홉 편입니다.

책머리에
'옛사람이 후학의 이익에 따르고
의리를 잊어버리는 것을
근심하여 지었노라'
라고 적힌 이 명심보감에는

'착한 것을 보거든
목말라 물 구하 듯 주저하지 말고
악한 것을 듣거든
귀머거리 같이 못 들은 체하라.'

'법을 두려워하면
언제나 즐거울 것이오
나라 일을 속이면
날마다 근심이 되느니라.'

'잠시 참으면
백날의 근심을 피할 수 있느니라'

이런 가르침들이
갈피마다 새겨져 살아 있습니다.

이 책은
나라밖으로 널리 알려지면서
영문으로도 번역되어
서양인들의
한국학 연구에 쓰이기도 합니다.

요즘 서점에 나오는 명심보감은
주로 고종 때 후손 추세문이 펴낸
인흥재사본(仁興齋舍本)이라고 합니다.

추연섭 선생의 설명을 들으면서
이곳저곳 부지런히 따라 가다보면
마지막에 명심보감 장판각에 들어가서
200년 묵은 대추나무 목판을 만납니다.

조심스레 발뒤꿈치를 들고
컴컴한 장판각에 들어서니
'사람의 마음을 밝히는' 명심보감
그 목판들이
오랜 세월 속에
문화적 운명을 지켜오면서
거친 삶에 찌든 이 시대 '마음'들을
차갑고 엄한 기운으로
기다리고 있었습니다.

도동서원 달성군 구지면 도동리 35

도동서원 道東書院

도동서원 가는 길은
늦가을에 나서야 좋습니다.

현풍에서 동쪽으로 대니산 넘어가는 중턱
다람재에 올라서면
묵직하게 굽어 흐르는 강변 마을이
한눈에 쏘옥 들어옵니다.

도동서원이 그곳 산 아래 있으니
어쩔 수 없이 '내려다' 볼 수밖에 없어
참 송구스런 마음으로 고개 숙이고
서원을 찾아 꼬불꼬불 내려갑니다.

서원 앞 주차장에 들어서면
늦가을 맑은 날에
이곳을 찾아와야하는 이유를
곧바로 깨닫게 됩니다.
400년을 지켜온 은행나무가
가을 햇살을 덮어쓰고
눈부신 황금빛으로 빛나고 있습니다.

'도(道)가 동쪽으로 왔다' 는 이름의
도동서원은
김굉필(金宏弼)의 학문과
그 덕행을 기리기 위해
조선 선조 때 세웠습니다.

그는 스무 살 때
김종직(金宗直) 문하에 들어가
소학(小學)을 배웠습니다.

김굉필이 지은
'독소학(讀小學)' 이라는 시에

'소학 책 속에서
어제까지의 잘못을 깨달았네
(小學書中悟昨非)'

라는 구절이 있는 것을 보고
스승 김종직은
'이 구절은 성인이 될 근기(根基)'
라며 남다르게 여겼다고 합니다.

그는 오로지 소학만 공부했고,
소학의 가르침대로 살고자 했습니다.
그래서 스스로 '소학동자' 라 했습니다.
소학은
부모를 사랑하고(愛親)
어른을 공경하고(敬長)
임금에 충성하고(忠君)
스승을 높이고(隆師)
벗과 친하는(親友) 길(道) 등
평소 살아가면서 지키고 실천해야 할
윤리를 가르칩니다.

김굉필은 늘
연밥 엮은 갓끈을 단
초립을 쓰고 지냈습니다.
밤낮 없이 늘 방안에 꼿꼿이 앉아
면벽 좌선하는 수도승처럼
학문을 닦았습니다.
때문에 가족들은 밤이 깊어도
가끔씩 연밥 갓끈이 책상에 닿아
달그락 달그락 거리는 소리에
아직 책상 앞에 앉아계시는 것으로
알아차렸다고 합니다.

김종직이 이조참판이 되었으나
조정에 건의하는 일이 없자
김굉필은 참다못해

'도(道)란 겨울에 두터운 옷을 입고
여름에는 얼음을 마시는 것입니다.
날이 개면 나다니고
장마 지면 멈추는 것을
어찌 온전히 잘할 수 있겠습니까?
난초도 세속을 따르면
마침내 변하고 말 것이니
소는 밭을 갈고
말은 사람이 타는 것이라 한들
누가 믿겠습니까?'

라는 시를 지어 올렸습니다.

이에 김종직은

'분수 밖에
벼슬이 높은 지위에 이르렀건만
임금을 바르게 하고
세속을 구제하는 일이야
내가 어떻게 해낼 수 있으랴.
후배들이 못났다고 조롱하는 것
받아들일 수 있으나
권세에 구구하게
편승하고 싶지는 않다네.'

라고 답했습니다.
이로부터 김굉필과
김종직은 갈라섰습니다.

그 뒤 김종직의 '조의제문'에서 일어난
무오사화 때
김굉필은 김종직의 제자라는 이유로
곤장 80대를 맞고
평북 희천으로 귀양을 갔습니다.
그때 김굉필의 나이
마흔 다섯이었습니다.

그러다 연산군 때 갑자사화가 일어나
무오사화의 관련자들에게
죄가 보태지는 바람에
김굉필은 7년 동안의 귀양살이 끝에
사약을 받았습니다.

김굉필의 저술은
무오사화 때 후환이 두려워
모두 불태워 버렸습니다.
때문에 10여 수의 시와
네댓 편의 글밖에 남아있지 않아
그의 깊은 학문세계를
문헌으로 살펴볼 길이 없습니다.

퇴계는 김굉필을 가리켜
'우리나라 도학(道學)의 대종(大宗)'
이라 했습니다.

송담서원 달성군 구지면 도동2리

송담서원 松潭書院

도동서원 은행나무
그 황금빛에 눈부셔하며
서쪽으로 길 따라 달리다보면
왼쪽 대니산 낮은 턱 자리에
외딴 기와집이 내려다보고 있습니다.

과수원 지나, 소 치는 마을을 질러
산으로 오르니
꼬불꼬불 하지만
반듯하게 찻길이 닦여있습니다.

콘크리트 포장길 끝에
적당하게 마련된 주차장에 내리니
선홍빛 단풍잎이
쏟아지는 햇살 아래
투명하듯 빛납니다.
초록 나뭇잎이 가을이 되면
단풍이라는 이름으로
화려한 꽃이 됨을
이곳에서 다시 봅니다.

송담서원.
학문이 깊고 덕망이 높으며,
왜적의 무리들이 벌벌 떨었던 의병장
박성(朴惺)을 모시고 있습니다.

松潭書院

어릴 적, 곽죽제(郭竹濟)와
배낙천(裵洛川)의 문하에서 배웠고,
청년기에는 정구(鄭逑)와
학문적 깊이를 나누고 다졌습니다.

여러 차례
벼슬에 오를 수도 있었지만
박성은
벼슬보다 학문에 더 열중했습니다.

임진왜란 때에는
"죽음으로
나라의 은혜를 갚겠노라."
면서 의병으로 나섰으며,
정유재란 때에는
청송, 진보, 영덕지역에서
의병장으로 앞장서기도 했습니다.

이렇듯 박성은
남들보다 부귀영화를 누리며
편하게 사는 길을 마다하고
스스로 고난의 길을 살았습니다.
자신보다는
나라와 백성을 위한 삶이었지요.

경내를 둘러보면서,
'이렇게 올곧고 의로운 분들은
후세 사람들이 뜻과 정성을 모아
기품 있는 서원을 지어 모시고
웅장한 신도비를 새겨
그 높은 뜻 기리는 것을
어쩌면 좋아하지 않을 수도 있다'
라는 생각이 문득 들었습니다.

뿐만 아니라
'일제강점기엔
친일 쪽에서 서원을 불태워
다시 짓는 우여곡절을 겪었지만
이를 조금도 서운해 하거나
노여워하지도 않았을 것'
이라는 생각도 들었습니다.

하지만
늘 비어있는 듯,
이렇게 맑은 정신을 이어온
서원들이 기다리고 있어
삶에 찌든 때를 씻기 위해
도시사람들이 찾아와
마음속 종아리를 걷어 올리고
회초리같은 가르침을 얻어갑니다.

용강서원 달서구 이곡동 1343-1

知止門

용강서원 龍岡書院

와룡산 남쪽 기슭,
고층아파트와 다가구주택이
빼곡히 들어선 이 마을은
옛날, 배나무가 많아서
'배골', '배실'로 불렸고
지금은 이곡동입니다.
'배골'을 한자로 적으면
이곡(梨谷)입니다.

사람들은
이 묵은 기와집 옆으로 난
산길을 오르며
맑은 공기 속에서
아침저녁으로 건강을 챙겨왔지만
이곳 용강서원 담장너머에 모셔진
'나라 사랑하는 마음'의
소리 없는 가르침은
얼마나 듣고 깨달았을지
알 수 없습니다.

과거시험 문과(文科)에 떨어진 뒤
붓을 던지고 탄식한 허득량(許得良)은
무척 답답했습니다.

"대장부로 태어나 나라에 충성하며
그 위세를 떨침이 마땅하거늘
어찌 한갓 백면서생(白面書生)이 되어
글이나 읽고 글씨나 쓰면서
헛되이 늙어갈 수 있겠는가."
라면서
병서(兵書)를 쌓아놓고 읽는가 하면
구슬땀 쏟아가며 무술도 익히게 됩니다.

그리하여 허득량은
병과(兵科)에 급제하여
문무(文武)에 두루 능한 장수가 됩니다.
그는 인조 때
난을 일으킨 이괄을 쳐부수었고,
병자호란이 일어나자
사촌동생 복량(復良)과 함께
적진으로 쳐들어갔습니다.

선생이 백마를 타고 달려들어
큰 칼 휘두르며 순식간에 적들을 무참히
쓰러뜨리자 적의 군사들은 허득량을
'백마장군'이라 부르며 쩔쩔맸습니다.

그 용맹했던 허득량은
인조 15년
남한산성 전투에서 쓰러졌습니다.
사촌동생 복량은
선생보다 하루 앞 세상을 떠났습니다.
싸움터에 나간 허득량을
자나 깨나 기다리던 고향 집에
생전에 선생을 모시고 다니던 백마가
안장 위에다 선생의 혈서와
전중일기를 싣고 찾아왔습니다.

龍岡書院

이를 읽은 부인 밀양 박씨는
밀려드는 슬픔을 가누지 못한 채
그만 남편 뒤를 따르고 말았습니다.

백마도 슬피 울며 날뛰다가
그 자리에서 죽었다고 합니다.
특히 허득량은
지루하고 거친 싸움터에서
집에 두고 온
어린아이에 대한 간절한 마음을
억유자(憶幼子)라는 시에
담기도 했습니다.

'남북으로 갈려 산지 몇몇 해던가
포대기에 싸여 우는 소리
오랫동안 못 들었네
기러기 우는 소리에 놀라 잠깨니
낙동강 지는 달이
구름 속에 가려지네'

전쟁은 이렇듯
순하고 선한 백성은 물론,
강인하고 용맹스러운 장수에게도
남모를 슬픈 사연을 남기게 합니다.

한천서원 달성군 가창면 행정리 870

한천서원 寒泉書院

달성군 가창은
예로부터 물이 차다해서
냉천(冷泉)이라고도 하고
한천(寒泉)이라고도 했습니다.
그래서 이곳 서원 이름도
한천서원으로 지었는지 모릅니다.

들판을 질러가다
과수원길 옆으로 돌고 돌아
한천서원 가는 길은
참 정갈하다고 느껴집니다.

서원 앞에는
대구에서 가장 나이가 많은,
천년이 넘었다는
은행나무가 한 그루 서 있습니다.

이곳 사람들이
마을 수호신으로 모시는
이 은행나무는
가을에 노란 잎이 질 때
멀리 날아가면
이듬해 흉년이 들고
가지 바로 아래 모여 있으면
풍년이 든다는 전설이 있습니다.
그래선지 이 마을 이름은
은행나무 뜻이 들어간
'행정(杏亭)리' 입니다.

한천서원에는
고려 개국공신인
전이갑(全以甲)과 의갑(義甲)형제가
사촌동생 락(樂)과 함께 모셔 있습니다.
이렇듯 세분 충신을 모신다하여
삼충서원(三忠書院)으로도 불립니다.

아기를 밴 어머니의 꿈에
푸른 옷을 입은 세 노인이
한 아이를 안고 와서
"이 아이는 장차 명예와 공(功)이

나라에 충만하리니
잘 보호하여 키우라."
하고선 사라졌습니다.
그 뒤 태어난 아기 전이갑은
자라면서 빼어난 용모에다
지혜와 용기가 뛰어났습니다.
그를 처음 만났을 때 왕건이
전이갑의 인물 됨됨이를
첫눈에 알아보고선
"세상에 드문 영웅이라
나라에 큰 일꾼 되기를 기대한다."
고 했답니다.

고려 태조 3년에
견훤이 신라에 쳐들어오자
신라 사신 김율이 찾아와
도와줄 것을 간청하여
태조가 신숭겸에게 나아가 싸우라 하니
견훤이 그 소문을 듣고
그만 싸우지도 않고 물러갔다 합니다.

이때 전이갑이 신숭겸에게
"견훤이 포악하여
항상 나라 주위에 걱정거리가 되니
이 기회에 그를 없애면 좋겠습니다."
라고 권하자 신숭겸도
"좋습니다. 그렇게 해야지요."

라며 견훤을 뒤쫓아가 싸웠으나
견훤은 일찌감치 도망쳤습니다.
그 뒤 태조 10년에
팔공산 오동나무 숲에서
다시 견훤과 싸움을 벌이다가
이번엔 고려군이 궁지에 몰렸습니다.

견훤에 포위되어 사태가 위급해지자
전이갑은 태조와 옷을 바꿔 입은 뒤
태조를 무사히 피신시키고
동생 의갑, 사촌동생 락과 더불어 싸우다
끝내 목숨을 잃었습니다.

옷을 바꾼 게 아니라
목숨을 바꾼 것입니다.

이 소식을 들은 태조는 크게 슬퍼하며,
전이갑에게
시호(諡號)를 충렬(忠烈)이라 내리고,
동생 의갑에게는 충강(忠康)을
사촌동생 락에게는
충달(忠達)을 내렸습니다.

그 삼충(三忠)의 후손들에게는
조세와 갖가지 나라의 부역을
모두 면해 주었다 합니다.

녹동서원 달성군 가창면 우록리 585

녹동서원 鹿洞書院

녹동서원에는
일본사람들이 많이 찾아옵니다.

'왜 일본군 장수가
적국 조선에 오자마자
부하들을 이끌고
곧바로 귀화했을까?'

'왜 그는
모국 일본의 병사들을 향해
조총에 불을 당겼을까?'

400년이 흐른 이 시대 일본인들은
이 서원에 모셔진 김충선(金忠善)이 아닌
그 시대 사야카(沙也可)가 궁금한지
모를 일입니다.

임진왜란 때 왜군 장수 사야카는
5백여 명의 군사를 이끌고
부산에 내렸습니다.

수많은 왜군이
조총을 쏘며 뒤쫓는데도

늙은 어머니를 업은 농부는
보따리를 든 아내와
어린 아이의 손을 잡고
험한 산길을 오르고 있었습니다.

"저렇게 어질고
착한 백성을 해치는 건
성현의 가르침에 어긋난다."

라고 생각한 그는
여러 날 동안 고심한 끝에

向陽門
鹿洞書院
崇義堂
白鹿北潭多士來集

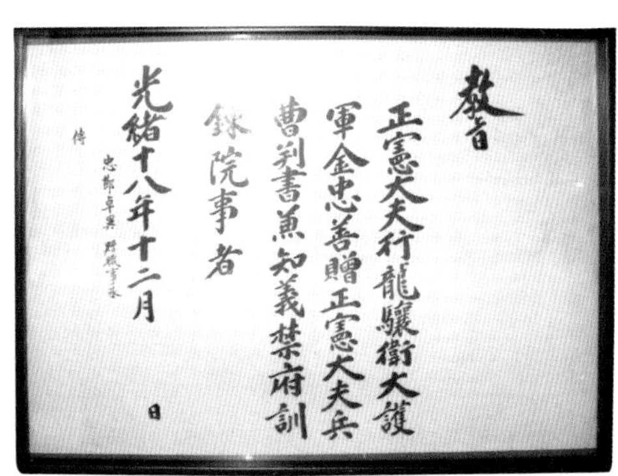

教旨
正憲大夫行龍驤衛大護
軍金忠善贈正憲大夫兵
曹判書兼知義禁府訓
鍊院事者
光緒十八年十二月 日

경상좌우병사 김응서를 찾아가
“내가 비겁하고
못난 것도 아니고
내 군대가 약하지도 않습니다.
그러나 조선의 문화가
일본보다 발달했고,
학문과 도덕을 숭상하는
군자의 나라를
차마 짓밟을 수 없기 때문에
귀순하고 싶습니다.”
라고 엎드려 머리를 조아렸습니다.

그 뒤 조선군에게
조총과 화약 만드는 기술을
전했습니다.
그리고 조총부대를 조직하여
울산, 경주, 영천 등지를 돌며
왜군을 무찌르는데
큰 공을 세웠습니다.

그는 임진왜란 말고도
병자호란, 이괄의 난 등에서도
큰 공을 세워
‘삼란공신’이라 불렸습니다.

그의 지치지 않는 무공과
남다른 충절에 감복한 선조는
그를 불러 ‘김해 김씨’라는 성과
‘충선’이라는 이름을 지어 주었습니다.

임진왜란이 끝난 뒤 서른 살 때
진주목사 장춘점의 딸과 결혼하여
이곳 우록에
터를 잡아 살게 됐습니다.

김충선은
조정에서
벼슬과 논밭을 내리려했으나
“당연히 신하로서
도리를 다 했습니다”
라며 마다하고
산 좋고 물 맑은 이곳에 내려와
학문에 열중하다 세상을 떠났습니다.
이곳 충절관에는
우록리 도로공사를 하다가 캐낸
조총과
고종으로부터 받은
교지, 녹슨 칼 등이 전시돼있습니다.

'국가에 불충(不忠)하고
사문(私門)에 불효되니
천지간 죄인이 나밖에 또 있는가
아마도 세상에 흉한 팔자는
나 하나뿐인가 하노라'

김충선의 이 '술회가'는
소신 때문에 조국을 등지고,
적국을 위해 충성을 다한
김충선의 고뇌에 찬 마음을
엿볼 수 있습니다.

伊江書院

이강서원

달성군 다사읍 이천리 277

伊江書院

이강서원 伊江書院

내비게이션에 주소를 입력해서
습관처럼 믿고 따라왔는데
이천리 강가 도로 가운데서
목적지에 다 왔다고 안내를 그칩니다.

황당한 나머지 가까운 마을로 찾아가서
몇몇 분들께 여쭤 봐도
모른다고들 합니다.

'대구시내' 라고 쉽게 생각했던 게
잘못입니다.

답답해 하다가
114를 통해 읍사무소에 전화를 거니
친절하고 꼼꼼한 안내를 받았습니다.

어렵게 찾아온 이강서원.
올라가는 길은 짧지만
가을 햇살아래 참 아늑하고 호젓합니다.

이곳 이강서원에는
조선중기 학자
서사원(徐思遠)을 모시고 있습니다.

퇴계학맥을 잇는 정구(鄭逑)의 제자인
서사원은
당대 석학으로 이름을 날렸습니다.
그러다 임진왜란이 일어나자
대구 지역에서
최초로 의병을 일으켜 공을 세운
문무(文武)에 매우 뛰어난 선비였습니다.

논어(論語)에

'고지학자(古之學者) 위기(爲己)
금지학자(今之學者) 위인(爲人)'

이라는 가르침이 있습니다.

'옛날의 학자들은
자신을 위한 공부를 했는데
지금의 학자들은
남에게 보여주기 위한 공부를 한다'

라는 뜻이지요.

서사원은 이렇듯
위인지학(爲人之學)이 아닌
위기지학(爲己之學)을 바탕으로
세력이 있을 때는
아첨하며 따르고,
권세가 없어지면
푸대접하고 돌아서는

그러한 세속의 인심을 멀리하고
오로지 후학양성에만
정성을 쏟았습니다.

그래서인지
나라에서 내리는 벼슬을
열 번 넘게 사양했다 합니다.

1597년
옥과현감(玉果縣監)에 임명됐으나
사임했습니다.

1602년에는
연기현감에 임명되었으나
부임하지 않았습니다.
그 뒤에도
형조 · 호조 정랑, 역학교정 등에
여러 차례 임명됐으나
"학문을 더 닦아야 하며
벼슬에는 뜻이 없습니다."
라며 책상머리를 떠나지 않았습니다.
쉽지 않은 고집입니다.

그러면서도
왜적이 쳐들어와 나라가 위태로울 땐
주저하지 않고
의병장으로 앞장섰습니다.
서사원의 이렇듯 깊은 학문과
차갑도록 곧은 정신과
헌신적 애국심 등을
미리 알고 찾아가면
절로 고개가 숙여지는 이강서원입니다.

백원서원 동구 도동 487

백원서원 百源書院

대구시내에서
팔공산을 오르는 큰 길은
아양교를 건너 대구공항을 거쳐
불로동을 지나갑니다.

세월이 흐르면서
길은 넓어지고 잘 닦였지만
길이 좋아지면서
산 아래 들판엔
고층아파트가 우뚝우뚝 들어서고
산 속까지 이미 밥집 술집에다
온갖 유흥시설들이
깊이 파고들었습니다.

이곳 팔공산 가는 길을 따라
고속도로 도동 나들목 입구를
오른쪽에 끼고
동네 길로 한참 들어가다 보면
천연기념물 제1호인
도동 측백나무 숲을 만납니다.

이 측백수림 건너 왼쪽으로
좁은 골목길을 따라 들어가면

효자 서시립(徐時立)과
그의 어머니
신천 강씨(信川 康氏)를 모신
백원서원입니다.

임진왜란이 나던 해 서시립은
나이 열다섯이었습니다.

마을사람들이
왜구를 피해 마을을 떠나자
그도 할아버지와 할머니,
그리고 아버지 어머니를 모시고
팔공산 부인사 뒤로
피란을 떠났습니다.

급하게 떠나오는 바람에
먹을 것이 없었습니다.
나이 어린 그는
배가 고파 힘이 없었지만
허기에 지치고 몸이 불편한
네 분 어른들의
아침저녁 끼니를 마련하기 위해
온갖 정성을 다했습니다.

그의 효성스런 마음은
왜적이 물러간 뒤에도 여전했습니다.
얼어붙은 강을 깨고 들어가
물고기를 잡았고,
산과 들을 헤매고 다니며
약초를 구해
아버지 병구완을 했습니다.

또한 치아가 성하지 않아
음식을 제대로 씹을 수 없었던
할머니를 위해
날마다 호리병을 들고
마을을 돌아다니며
이집 저집 아낙네들로부터
젖을 구해다
쉽게 마시도록 드렸습니다.

이렇듯 그의 효성스런 마음은
오랜 고난의 세월 속에서도
한결같았고,
전쟁으로 힘들었을 때
도리어 정성을 다해
효를 실천했다고 합니다.

그런데 서시립의 이러한 효성은
어디서 비롯됐을까
궁금했습니다.

그의 어머니
신천 강씨 이야기입니다.
어느 추운 겨울날,
병석에 누워있던 시어머님께서
"아가, 꿩고기가
자꾸만 먹고 싶구나."
했습니다.
이 말을 들은 강씨는 여러 날 걸쳐
눈 쌓인 겨울산을 헤매고 다녔지만
살아있는 꿩을
도저히 잡을 수 없었습니다.
손발이 얼고 허기에 지친 끝에
눈밭에 주저앉아
지극한 마음으로 기도를 올렸습니다.
"…시어머님을 봉양할 수 있는
꿩을 구하게 해 주시옵소서…"

눈밭에 꿇어앉아 기도를 올리고 있는데
꿩 한마리가 떨어져 퍼드덕거렸습니다.
날쌘 매 한 마리가 꿩을 낚아채다
기도를 하고 있는 강씨 앞에
떨어뜨린 것입니다.

강씨는 고맙고 기쁜 마음으로
급하게 산을 내려와
시어머님께 삶아 올리니
병이 씻은 듯 나았다고 합니다.

이를 지켜 본 주위에선
"강씨의 갸륵한 효성이
하늘을 감동시켰다"
며 입을 모아 칭송했다고 합니다.
이처럼 어머니와 아들이 모두
남다른 효부 효자로
널리 소문이 나자
정승이었던 이호민(李好閔)이
이 사실을 듣고 직접 찾아와서
시(詩) 한 수를 남기고 갔습니다.

'달구벌의 효자 서시립은
사람들이 기리기를
그 어멈의 효라네.
오늘에야 우연히
삼성록을 읽어보니
그 어멈에 그 아들임을
새삼스레 느끼겠네.'

이렇듯 어머니의
깊은 효심을 이어받아
평생을 조부모와 부모를 봉양하며
효성으로 지낸 서시립은
그가 남긴 '효행잠(孝行箴)'에

'효(孝)는 모든 행실의 근원이 된다.
훗날 사람의 자식이 된 자는
어버이를 섬기는데
그 뜻을 다해야 한다.
효(孝)는 곧 어버이를 섬기는

도(道)인 것이다…'

라고 적었습니다.

백원서원에는
어머니 신천 강씨의 효행비도
세월을 무겁게 머리에 이고
그렇게 서 있습니다.

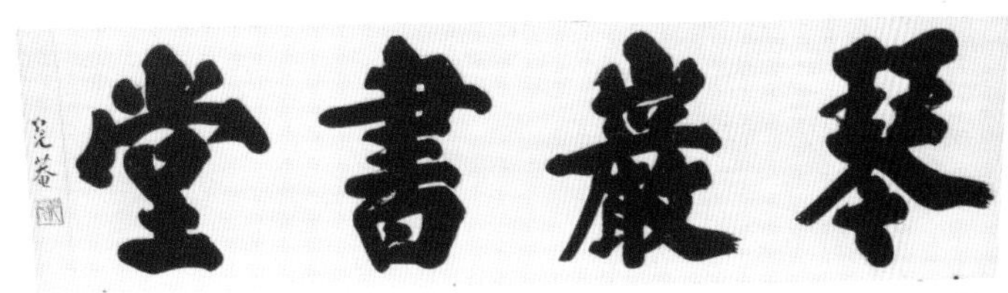

금암서당 달성군 다사면 매곡리 1102-1

금암서원 琴巖書院

큰길에서 파고들어
꾸불꾸불 좁은 길 따라
마을로 들어왔으나
오래된 여느 시골집 같아서
얼른 알아보기 어려워
그냥 지나갈 뻔 했습니다.

금암서원.
정사철(鄭師哲)과
그의 아들
광천(光天)을 모시고 있습니다.
조선 영조 40년(1764)에 세워졌던
이 서원은
그 뒤 고종 때 헐렸다가
제대로 복원되지 못해
아직
금암서당(琴巖書堂)으로 붙어있습니다.

정사철은
성품이 바르고 문장이 뛰어나
사마시(司馬試)에 합격했으나
벼슬길에 오르지 않고
서사원(徐思遠) · 정구(鄭逑) 등
이름난 학자들과 더불어

자연을 벗 삼아 지내면서
성리학(性理學)에 전념했습니다.

그러다가
임진왜란이 일어나자 의병을 일으켜
곽재우(郭再祐)와 함께
큰 공을 세웠습니다.

특히 정사철은 효심이 남달랐습니다.
회갑 날 아침, 그는
다섯 살 때 돌아가신 아버지를
반세기 넘도록 잊지 못하고
날마다 그리워한 마음에
산해진미(山海珍味)의 잔칫상을
받을 수 없다면서 물렸다고 합니다.

아들이 아버지를 닮아 내림을
부전자전(父傳子傳)이라 했습니다.

정사철의 아들 광천도
학문이 뛰어났을 뿐만 아니라
효행이 극진한 선비였습니다.
그리고 임란 때
아버지와 함께 의병을 모아
왜적을 물리치는데 앞장서기도 했습니다.

전란 중에
아버지가 병을 얻어 고생을 하자
병중술회가(病中述懷歌)라는 시를 지어
아버지의 빠른 쾌유를
간절하게 빌었습니다.

'하늘이시어
하늘이시어 믿는 뜻 알아주시옵소서.
이 노인 살려 주소서.
제발 살려 주시옵소서.
가까이서 아버지 모시고
세상 즐기다 늙고자 하옵니다.'

하지만 아버지 정사철은
끝내 자리를 털고 일어나지 못한 채
세상을 떠났습니다.

아들 광천의 일기장 속에는

'요즘 밤마다
돌아가신 아버지를 꿈에서 뵙는다.
그러다 깨어나면
이승과 저승의 차이에서
새삼 허망함과 애통함이 더할 뿐이다.
....

오직 하늘에 부르짖고
땅을 치고 통곡할 따름이다'

아들은
아버지를 이렇듯 애타게 그리며
목 놓아 울부짖고 있었습니다.

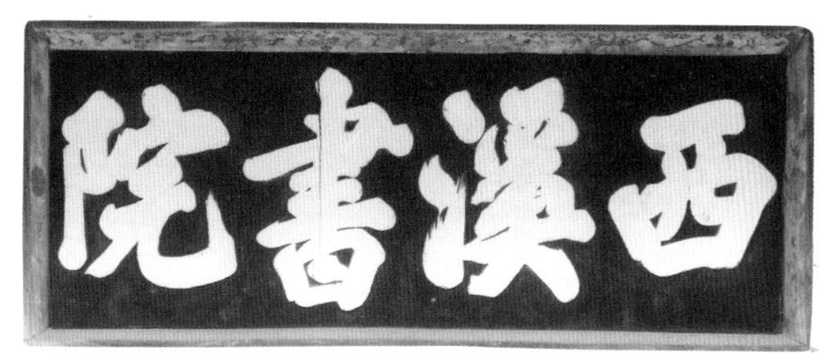

서계서원 북구 서변동 881

西溪書院事蹟碑

서계서원 西溪書院

서변동 아파트 숲을 뚫고
하늘 낮은 쪽으로 난 길을 따라 들어가니
솔숲 울창한 산자락
담쟁이덩굴이 둘러 짙은 황토담장 안에
골기와집이 모여 앉아있습니다.

200년 전 문신 이문화(李文和)와
그의 8대손으로,
학자이자 교육자이며
용감한 의병장이었던
이주(李輈)를 모신 서계서원입니다.

이주는
일곱 살 때부터 글을 배우기 시작해서
이름난 학자들을 찾아다니며
학문을 두루 닦았습니다.

특히 이주의 어머니 황씨는
말과 행동이 매우 바른 분이었는데
엄격한 가정교육을 통해 아들에게
'항상 정직하게 살 것'을 강조했습니다.

나이 스물아홉이던 이주는
생원시(生員試), 진사시(進士試),
동당시(東堂試)에 모두 장원을 하니
주위에선 그를
삼장원(三壯元)이라 불렀습니다.

그런데 초시(初試)에 합격한 사람들이
서울에서 다시 보는 시험에서
경문들을 두루 거침없이 외우던 이주가
'대학' 에서 갑자기 막혀
더듬거리기 시작했습니다.

이때
시험감독인 고선관(考選官)으로 나온
그의 스승이
이주의 답답해하는 모습이 안타까워
장막 밖에서
신발로 글자를 그려 보여줬습니다.
이를 목격한 이주는 스스로 부끄러워하며
그만 시험장 밖으로 나와 버렸습니다.

그 뒤 스승은
자신의 잘못으로 말미암아
제자의 시험을 망쳤다는 후회를 하다가
제자 이주를 찾아가서
"지난번 내가 시험장에서
자네가 문장이 막혀 머뭇거리자
자네처럼 나라에 필요한 인재를
놓치기 안타까운 마음 때문에
순간적으로 실수를 한 것이네…"

라며 부끄러워하자
이주는
"관직에 올라 임금을 섬기려 하면서,
임금을 속이고 저를 속이면서까지
그 시험에 붙어서야 되겠습니까."
라며 고개를 숙였습니다.

그 뒤 이주는
두 번 다시 과거장에 나가지 않았습니다.

그렇다고 그가 학문을 그만두거나
나라 위하는 마음을 버린 것은
결코 아니었습니다.

이주는 임진왜란이 일어나자
의병을 모아 용감하게 싸웠습니다.
전란이 끝나자
학당을 세워 교육에 나섰습니다.

게다가 스스로의 학문에도
게을리하지 않았으며
평생을 참선비로 살았습니다.

禮淵書院

예연서원 달성군 유가면 가태2리 539

예연서원 禮淵書院

바다는 이순신장군,
육지는 홍의장군이 무서웠습니다.
왜적이 조선에 쳐들어왔다가
이 두 분 때문에 혼쭐이 났습니다.

'하늘이 내린 붉은 갑옷'을 입고
백마를 달리던 용맹한 장군 곽재우(郭再祐).
홍의장군 곽재우의 발자취는
대구 인근에 여러 곳 있습니다.

달성 구지, 현풍, 유가는 물론
경남 창녕, 의령 등지에도
장군의 유적이 곳곳에 남아있습니다.

대구의 동쪽 관문인 효목동
곽재우의 호를 딴 망우당공원에 가면
검게 탄 함성으로 호령하듯
곽재우의 동상이 서 있고,
그 옆 망우당 기념관에는
그의 귀한 유품들을 모아 두고 있습니다.

예연서원.
왜적으로부터 나라를 지킨
곽재우를 모시고 있습니다.

눈에 광채가 번득이고
기개와 도량이 크고 성품이 밝은데다
용맹하고 호걸스러웠던 곽재우는
어릴 때부터 남다르게 돋보였습니다.

게다가 천성이 효성스럽고
우애가 매우 깊었던 곽재우는
별시문과에 2등으로 뽑혔으나
글의 내용에
왕의 뜻을 거스르는 글이 있다하여
합격이 취소됐습니다.

그 뒤
경남 의령 근처에 내려와 지내다가
1592년 왜군이 부산으로 쳐들어오자
마을 앞 느티나무에 북을 매달아 치면서
"뜻을 가지고
나라를 구하고자 하는 사람은
모두 다 이곳에 모이시오!"
라며 의병을 일으켰습니다.
이 나라 첫 '의병' 입니다.

낙동강과 남강이 만나는
성산리 거름강 싸움에서 이긴데 이어
의령의 관문인
솥바위나루를 건너오는 왜적으로부터
의령 · 삼가 · 합천 등을 지켜내어
적이 호남으로 쳐들어가는 것을
일찌감치 막았습니다.

전술과 용병술에 뛰어난 곽재우는
가는 곳 마다 마주치는 적들을
남김없이 모조리 무찔러 없앴습니다.

여러 장수들에게 붉은 옷을 입혀서
누가 홍의장군인지 헷갈리게 했고,
강물의 깊고 얕음이나
높고 낮은 지형지물을 이용하는
신출귀몰한 전술 전략에다

조총의 사정거리보다
더 멀리 날아가는 활로
왜적들을 공포에 떨게 했습니다.

곽재우는
1599년 경상좌도 병마절도사에 올라
"전투경험이 많은 군사들로
성을 지키게 하고
내륙에 있는 병사들은

고향으로 돌려보내
가족과 함께
편히 살도록 해 주옵소서."
라고 조정에 건의했습니다.
그러나
조정에서 이를 받아들이지 않자
그는 벼슬을 버리고 집으로 돌아가
평범한 선비로 살았습니다.

이 '평범한 선비'는 어쩌면
붉은 갑옷에다
백마를 달리며 왜적을 물리치던
그 용맹했던 장수의 모습보다
더 무서웠던 분인지 모릅니다.

매양서원 북구 매천동 46

매양서원 梅陽書院

칠곡 매천초등학교 뒷마을이
북구 매천동 '매남마을' 입니다.
뒷산에 소나무가 짙은 이 마을은
야성 송씨(冶城 宋氏) 세거지입니다.

마을 가운데 길로 끝까지 들어가면
새로 잘 지은 매양서원이 기다립니다.

대구에 있는 서원들을 찾아다니다 보면
평소 문을 닫아놓고 있는 곳이 많습니다.
매양서원 또한
바깥 문(養正門)이 굳게 잠겨있었습니다.

들어갈 수 없어 마을을 돌아다니다
열쇠를 가진 분을 만났습니다.
"평소엔 문을 닫아놓는가 봅니다…."
라고 눈치를 봐가면서 조심스레 묻자
"아이들이 몰려들어
경내를 마구 돌아다니는 바람에
제대로 관리가 안 돼 어쩔 수 없습니다…."

듣고 보니
어쩔 수 없을 것 같기도 했습니다.

門正養
陽梅

그런데 이 좋은 터에
반듯하게 잘 지은 빈 집 안을
이리저리 돌아다니는 동안
'이렇듯 들어서기만 해도 경건해지는
이 좋은 시설들을
보다 유익하게 활용할 길은 없을까?'
라는 생각이
머리를 떠나지 않았습니다.

대학생들 가운데
한자로 제 이름도 못 쓰는 학생이 많다는데
제 발로 찾아드는
그 말썽꾸러기 동네아이들을
이리저리 불러 모아서,
누가 '천자문(千字文)'이라도
또박또박 가르치고
부족한 버르장머리도

하나하나씩 고쳐주다 보면
이 시대 서원의 의미가
또 하나 보태질 것이라는
그런 생각을 했습니다.

이곳 매양서원에는
송원기(宋遠器)를 모시고 있습니다.

광해군 때
송원기는 사간원으로 있으면서
임금의 폭정을 간했습니다.
하지만 광해군이 이를 듣지 않자
자신의 호를
벙어리라는 뜻의 아헌(啞軒)으로 고치고
이곳 매천동으로 내려와
말없이 들어앉았다는 분입니다.

이렇듯 그는
성품이 매우 강직하면서도 온화했고

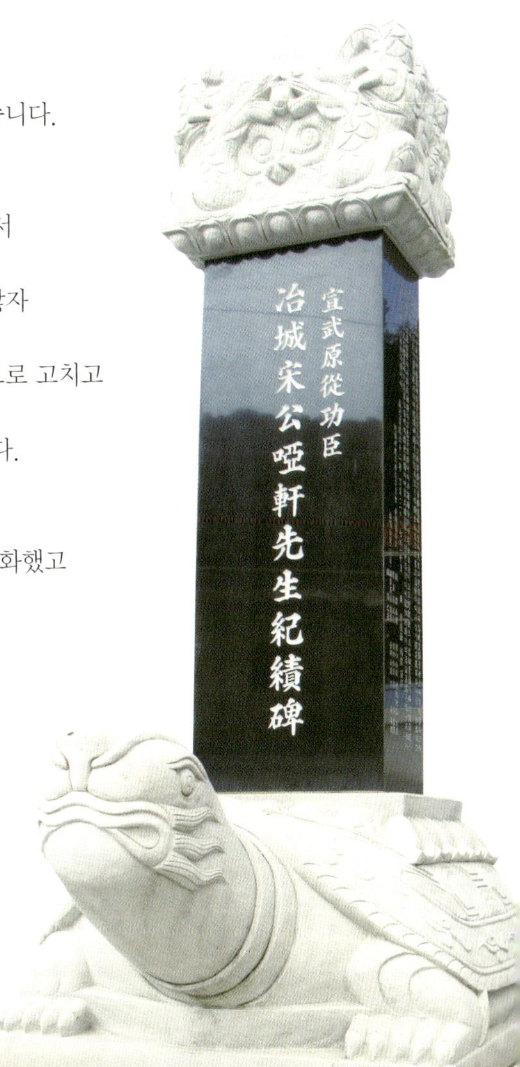

효성이 깊기로도 널리 소문났습니다.

임진왜란 때
명나라 지원군이 왜군에 맞서
이곳 칠곡 지역에 주둔했습니다.
그런데 이 명나라 병사들이
군량미가 모자라 어려움을 겪었습니다.

이 소문을 들은 송원기는
"이 나라를 돕기 위해 목숨 걸고 온
고마운 명나라 군사들을
절대로 굶겨서는 안 된다."
라면서 앞장서
쌀 700섬을 모아 건넸다고 합니다.

임금의 폭정에 맞서
스스로 벙어리로 살아온 강직한 그의
또 다른 모습이었습니다.

龍湖書院

용호서원

달성군 다사읍 서재1리 693

용호서원 龍湖書院

한적했던 시골 마을에
도시의 기운이 밀려들어 오면서
고물상, 폐차장, 고층아파트, 공장 등이
이곳저곳 들어서고 있습니다.

황토 내음타고
풀씨 날리던 고즈넉했던 들녘엔
스티로폼 조각, 부서진 차량 부속품,
깨진 술병, 비닐 용기 등이
이리저리 볼썽사납게 흩어져 있습니다.

하지만
더 이상 쳐들어 올라오지 못하도록
서원을 지키듯 떡하니 서있는
힘 좋은 수문장 같은 팽나무가
반갑고 고맙다 싶습니다.

키는 그리 높지 않지만
그 둥치는 어른 둘이 마주 안아야 할 정도로
나이가 들었습니다.

용호서원.
도성유(都聖俞)와
사촌동생 도여유(都汝俞)를 모시다가
도여유의 아들 신수(愼修)도 함께 모셨습니다.
도성유는 조선 광해군 및 인조 때의 학자로서
학문과 인품이 뛰어난 분으로 알려졌습니다.

임진왜란 때에는
의병을 일으켜 군량을 조달했으며,

병자호란 때
왕이 오랑캐에 항복했다는 소식에
문밖출입을 하지 않고 지내다가 세상을 떠났습니다.

칠곡 향교를 지을 땅이 없어
지역 유림들이 애를 태우자
넉넉지 않은 살림에도
논밭을 내 놓았던 분입니다.
그의 시문집
'양직문집(養直文集)'에 실려 있는
'징심대(澄心臺)'는
선현의 공부하던 발자취가 서려있는 징심대에서

수양이 부족한 자신의
부끄러운 마음을 담았습니다.

'복초부(復初賦)' 에서는

'사람은 누구나 착한 본성을 타고 났지만
물욕에 눈이 어두워
아름답고 착한 본성을 버리고
오욕과 칠정에 사로잡혀
악의 소용돌이 속으로 빠져들어 간다.'

라고 지적하면서

'그 본성을 회복하여
보다 바른 삶을 살아야만 된다'

고 강조했습니다.

또한 '상한강정선생(上寒岡鄭先生)'은
스승 한강(寒岡)정구(鄭逑)에게 보낸 편지글로
노력하는 만큼 학문에 진전이 없음을 한탄하면서
그 가르침을 간절하게 요청한 글입니다.

'답우복정경세서(答愚伏鄭經世書)' 는
학문이 깊은 벗 정경세에게 답한 것으로

'배움에 도움을 준 것에 대해
큰 고마움을 나타내며,
앞으로도 더욱 공부에
힘을 기울일 것을 바란다'

라면서 좋은 벗으로서의 우정을 담은 글입니다.

그리고
'제정한강선생문(祭鄭寒岡先生文)'에서는
스승 정구의
학문과 국가에 대한 공로를 기리며
자기에게 베풀어 주신 스승을 잃은
깊은 슬픔을 담고 있습니다.

이렇듯 당대 대표적 지성인으로서의
남다른 고뇌와 열정이
다양한 형식의 글로
이 문집에 채워져 있습니다.

이 책을 쓰면서

고마운 마음으로 살펴가며 참고했습니다

「**대구시사**」 대구시사 편찬위원회

「**고향경북**」 대구경북향토사연구회

「**경북서원지**」 경상북도

「**달성마을지**」 달성문화원

「**달서구사**」 달서구사편찬위원회

「**달서의 향토문화**」 달서구

「**우리고장 대구**」 대구시교육위원회

「**조선시대 대구사람들의 삶**」 계명대학교 출판부

「**조선시대 대구의 모습**」 계명대학교 출판부

「**대구 · 경북의 명목을 찾아서**」 이정웅

「**병암서원지**」 성주도씨병암종중

「**대구문화재사랑**」 대구광역시